L'INFLUENCE ÉCONOMIQUE ET SOCIALE

DES

VOIES DE COMMUNICATION

DANS

LE DÉPARTEMENT DE MAINE-ET-LOIRE

MÉMOIRE PRÉSENTÉ ET LU AU CONGRÈS DE LA SORBONNE DE 1884
(SECTION DES SCIENCES ÉCONOMIQUES ET SOCIALES)

Par M. A. BOUCHARD

Secrétaire de la Société Industrielle et Agricole de Maine-et-Loire
Délégué Départemental pour le service du Phylloxera.

----‹∿∿∿∿∿∿∿∿∿∿›----

ANGERS

IMPRIMERIE LACHÈSE ET DOLBEAU

4, Chaussée Saint-Pierre, 4

—

1884

DOCUMENTS CONSULTÉS :

Collection des *Almanachs d'Anjou.*

L'Agriculture de l'Ouest de la France, par M. O. LECLERC-THOUIN.

Procès-Verbaux du Conseil général de Maine-et-Loire; Rapports du Préfet.

L'Instruction Primaire dans le département de Maine-et-Loire, par M. Ch. MICHELET.

L'INFLUENCE ÉCONOMIQUE ET SOCIALE

DES

VOIES DE COMMUNICATION

DANS LE DÉPARTEMENT DE MAINE-ET-LOIRE

Mémoire présenté et lu au Congrès de la Sorbonne de 1884
(Section des Sciences économiques et sociales).

Chaque année, le ministère de l'Instruction publique adresse aux Sociétés savantes un programme, renfermant un certain nombre de questions, et les invite à choisir dans ce questionnaire officiel telle question locale qu'il plaira à l'un de ses membres d'étudier, et de présenter ensuite à la réunion annuelle des Sociétés savantes qui se tient à la Sorbonne au cours des vacances de Pâques.

Dans le programme de la section d'*Histoire et Philologie* et dans celui des *Sciences économiques et sociales*, nous avons trouvé deux questions qui présentaient un intérêt particulier pour notre pays. Nous avons cru devoir les étudier : l'une a pour titre : *Origine, importance et durée des anciennes foires ;* l'autre était libellée de la façon suivante : *Etudier sur un point quelconque de la France l'influence économique et sociale d'une voie de communication, chemin de fer, route, pont, canal.*

C'est cette seconde étude que nous soumettons aujourd'hui à l'appréciation de nos lecteurs, espérant, qu'ils voudront bien ratifier le jugement flatteur qu'elle a reçue des savants membres du Congrès de la Sorbonne.

I.

Lorsque Louis XV mourut, le 10 mai 1774, et laissa à son petit-fils la couronne de France, l'Anjou ne possédait alors que huit routes royales, qui, pour la plupart mal entretenues, étaient loin de répondre aux besoins du pays.

En voici la nomenclature :

1° Angers à Paris, par Suette, Durtal, La Flèche, le Mans ;

2° Angers à Paris, par Saumur, Tours, Orléans ;

3° Angers à Nantes, par la Roche-au-Breuil, Champtocé, Varades ;

4° Angers à Poitiers, par la levée de la Loire, Saumur, la Croix-de-Chaume, Loudun ;

5° Angers à Baugé, par Pellouailles, Suette, Jarzé ;

6° Angers à Beaufort, par la Daguenière et St-Mathurin ;

7° Angers à la Rochelle, par les Ponts-de-Cé, Mozé, Rablay, Gonnord, La Salle, Coron , Chantelou , Maulévrier, Châtillon ;

8° Angers à Mayenne, par Avrillé, la Membrolle, le Lion-d'Angers , Château-gontier.

Ainsi qu'on vient de le voir, le réseau des routes royales était loin d'être complet. De plus, l'ancienne voie du Maine et de la Normandie, qui au xv° siècle, venait aboutir à Epinard au passage de la rivière, où se réunissaient les marchands des deux pays, avait été complètement délaissé. D'autre part, les ponts n'étaient pas nombreux sur la Loire, les deux rives du fleuve étant mises seulement en communication, au moyen de ponts, à Saumur et aux Ponts-de-Cé.

La grande route royale d'Angers à Paris, par la levée, était desservie par le pont jeté sur l'Authion à Sorges, passage alors le plus fréquenté de l'Anjou.

La voie d'Angers à la Rochelle, franchissait la rivière du Layon, qui venait d'être canalisée, au Pont-Barré, entre Beaulieu et St-Lambert-du-Lattay.

Depuis, et à une époque encore voisine de nous, de nouveaux ponts ont été jetés sur la Loire : aux Rosiers, à St Mathurin, à Chalonnes, à Montjean, à Ingrandes, à St-Florent-le-Viel ; ceux de Saumur et des Ponts-de-Cé, ont été reconstruits sur des données nouvelles, mettant ainsi en rapport fréquent les riches communes qui bordent et la rive droite et la rive gauche du grand fleuve, qui traverse le département de Maine-et-Loire, sur un parcours de 80 kilomètres.

Puis, au fur et à mesure que le réseau général des voies de communication du département de Maine-et-Loire étendait ces ramifications, des ponts étaient construits sur les rivières de la Dive, du Layon, de la Moyne, de la Sarthe, de la Mayenne, de l'Oudon et les cours d'eau secondaires en de nombreux points.

L'*Almanach d'Anjou* de 1781 nous apprend que depuis l'avènement au trône du Roy Louis XVI jusqu'à cette époque, aucun changement n'a été apporté au groupe des routes royales.

Pendant la Révolution et durant le premier Empire, ces gouvernements ayant à se défendre, et contre les ennemis qui menaçaient la frontière, et contre la masse des Vendéens en armes, non seulement les routes ne furent pas augmentées, mais plusieurs d'entre elles furent profondément détériorées. Le Pont-Barré sur le Layon, qui assurait la communication entre l'Anjou et les Mauges, fut détruit lors de la fameuse collision qui survint en cet endroit entre l'armée vendéenne et les soldats de la République, le 19 septembre 1793.

II.

Pour assister au premier mouvement important, qui se fit en Anjou en faveur de l'aménagement des voies de communication, il nous faut arriver à l'avènement de la Monarchie de Juillet. C'est à cette époque que fut construit, sous la dénomination de *Routes stratégiques* et avec un développement de 281 kilomètres, tout un faisceau de voies nouvelles.

Il est important de faire connaître la distribution du réseau stratégique; nous allons en donner la description :

Une seule route stratégique traversait l'arrondissement d'Angers, à son extrémité Ouest, d'Ingrandes à Bécon, par Saint-Augustin-des-Bois. C'était en quelque sorte l'amorce d'une première route de même nature, qui entrait dans l'arrondissement de Segré à la Pouëze, par le prolongement de la voie de Bécon jusqu'à cette localité. Cette route vivifiait Vern, Marans, Segré, Saint-Aubin et l'Hôtellerie-de-Flée, en leur ouvrant de faciles débouchés vers la Loire. Elle appelait, ainsi que celle d'Ancenis à Pouancé à travers la Bretagne, les fermiers vendéens qui venaient alors et qui viennent encore concurremment avec les Normands, acheter les bœufs qu'ils croient plus profitable d'engraisser que d'élever ; elle permettait de transporter les vins de la rive gauche de la Loire, sur la rive droite et d'écouler les bois des forêts de la rive droite sur la rive gauche moins riche en taillis.

Cette route, s'embranchait à St-Aubin-du-Pavoil sur une autre route, également stratégique, qui pénétrait dans la Mayenne près de la Ferrière et de St-Sauveur, enfin elle était croisée par une troisième route de la même catégorie qui se prolongeait en ligne droite vers Candé en passant par Angrie et Vern, pour rencontrer la route du Lion-d'Angers à Châteauneuf.

Deux autres routes stratégiques, passant au Sud de Candé, traversaient encore l'espèce d'enclave que le département de Maine-et-Loire forme, dans celui de la Loire-Inférieure.

Dans l'arrondissement de Saumur, nous trouvons deux routes stratégiques, dont Vihiers est le point de départ. La première s'étend vers le Sud dans les Deux-Sèvres ; la seconde se dirige vers Maulévrier, d'où elle gagne Châtillon-sur-Sèvres ; l'une et l'autre traversent par conséquent, et commenceront à féconder la partie de l'arrondissement de Saumur la plus arriérée à cette époque, sous le point de vue agricole.

Six routes stratégiques, sans comprendre dans ce nombre celle qui se prolonge de Vihiers vers Maulévrier, sillonnaient l'arrondissement de Cholet. Celle d'Ancenis à Clisson, qui n'était à proprement parler que la suite de la grande ligne ouverte à travers une partie de la Mayenne, du Maine-et-Loire, et de la Loire-Inférieure ; celle de Montjean à Jallais, faisant suite à une autre route parallèle à la première et venant se terminer dans la Mayenne ; celle de Champtoceaux à Saint-Lambert-du-Lattay, coupant obliquement les deux routes précédentes, en traversant les cantons de Champtoceaux, Montrevault et Chemillé ; à partir de Saint-Laurent-des-Autels, elle se bifurquait vers Landemont ; enfin celle de Beaupreau à Clisson ouvrait aux marchés de Montfaucon une double communication avec le centre de l'arrondissement et la Loire-Inférieure sur les confins de la Vendée.

Beaupreau, alors chef-lieu d'arrondissement, n'aura besoin dans la suite, pour gagner Ancenis, que d'un simple chemin vicinal, qui viendra s'embrancher sur la voie stratégique de Champtoceaux à Saint-Lambert-du-Lattay, à la hauteur du

Fuillet. De plus, au moyen du chemin de grande communication de Saint-Martin-de-Beaupreau au Pin-en-Mauges, le canton communiquera facilement avec Montjean et Chalonnes sur-Loire, où l'appellent fréquemment le produit des fours à chaux, nécessaire à l'amendement de ses terrains.

Le réseau des routes stratégiques de Maine-et-Loire, qui semble être sorti d'un coup de baguette de fée, et dont l'arrondissement de Baugé sera le seul à ne pas profiter, créé et établi, dans des directions qui paraissent au premier abord bien plus appeler l'attention du guerrier, que celle de l'économiste, contribuera puissamment, et notamment dans les arrondissements de Cholet et de Segré, à introduire une véritable révolution dans l'économie agricole et sociale de ces contrées.

III.

Les routes stratégiques sont à peine achevées que déjà l'on songe à remanier le groupe des routes royales. En effet, dès l'année 1840, nous trouvons ces routes

distribuées sur un parcours de 395 kilomètres.

Deux routes traversent Angers, en se
rendant de Paris à Nantes, l'une par Orléans et la levée de la Loire, l'autre par le
Mans.

La première qui a dévié de la ligne la
plus courte à la Daguenière pour se rappro-
cher de la ville chef-lieu, rejoint la rive
droite de la Loire à la hauteur d'Ingrandes.
Elle donne naissance, à Saint-Jean-de-
Linières, à une bifurcation qui prend sa
direction vers Rennes, par Châteaubriand.
La seconde arrive par Durtal.

Deux autres routes de même ordre, l'une
d'Angers à Caen, l'autre d'Angers aux
Sables-d'Olonne, sillonnent l'arrondissement d'Angers dans la direction du Nord
au Sud.

La route d'Angers à Caen, par Laval,
traverse du Nord au Sud l'arrondissement
de Segré. Elle est d'une haute importance
pour tout le département, et plus particulièrement encore pour le territoire de Segré. Plus que toute autre elle a contribué à la prospérité agricole de cette partie
du Maine-et-Loire, en ouvrant une communication facile avec la Normandie, qui

permet aux herbagers de la vallée d'Auge
et du Bessin de venir acheter en grand
nombre les bœufs qui font la principale et
la plus sûre fortune des métayers de l'arrondissement de Segré.

La route d'Angers à Rennes, par Candé
et Châteaubriand, s'amorce, sur la grande
voie de Paris à Nantes, à Saint-Jean-
de-Linières, elle ouvre les portes de la
Bretagne aux habitants de la partie Sud de
l'arrondissement.

Le Baugeois possède deux routes : l'une
qui le longe sur une faible étendue de son
territoire, de Durtal jusqu'à Suette, c'est
encore la route de Paris à Nantes, par
Angers ; l'autre qui le traverse de la Flèche
à Longué, c'est la route de Bordeaux à
Rouen, par Saumur.

Le commerce d'exportation de l'arron·
dissement de Baugé se fait plus particuliè·
ment avec Angers, Saumur et le Mans.Ces
routes lui ont donc ouvert dès l'année
1840, des rapports plus faciles avec les
centres vers lesquels se dirigent les pro·
duits de ses fermes, et, surtout celle de Bordeaux à Rouen par Saumur et Longué qui
sert à conduire les bestiaux qui viennent
des marchés de Doué, pour se disperser dans

le Beaugeois, et aussi au transport des por-
celets qui, de ce cantonnement, s'en vont par
voie d'échange dans la portion vendéenne
du département.

En dehors de la route de Bordeaux à
Rouen qui va du sud au nord, l'arrondissement de Saumur est traversé dans presque
toute sa largeur de l'Est à l'Ouest par la
route de Saumur aux Sables-d'Olonnes, et
du Nord-Ouest au Sud-Est, toujours en
prenant Saumur pour point de départ, par
le chemin de Limoges, il est encore par-
couru au Nord par la route de Paris à
Nantes le long de la Levée.

Le Choletais appartient tout entier à ce
qu'on appelle l'ancienne Vendée militaire.
Longtemps désolé par les guerres civiles,
rendues interminables par la multiplicité
des clôtures, l'état boccager du pays et
l'absence presque complète de chemins
praticables, privé de moyens de communication, tant à l'intérieur qu'à l'extérieur,
sans autre commerce d'exportation que les
bœufs, et demeuré étranger aux idées comme
aux usages du reste du département, cette
partie du territoire angevin appelait plus
qu'aucune autre l'attention de l'adminis-
tration.

C'est pour cela que, plus qu'aucun arrondissement, il fut favorisé par le tracé des voies stratégiques, puisque sur les douze routes qui formaient l'ensemble de ce réseau spécial, six, c'est-à-dire la moitié, traversaient l'ancien arrondissement de Beaupreau.

Les deux grandes routes d'Angers aux Sables et de Saumur aux Sables, se réunissent à Nuaillé, traversent Cholet et pénètrent dans le département de la Vendée, non loin de Mortagne-sur-Sèvres.

Actuellement le département de Maine-et-Loire possède 14 routes nationales, se développant sur 561 kilomètres. Cet important groupe a donc été augmenté de 166 kilomètrs dans une période de 40 années.

IV.

Aux grandes artères que nous venons de décrire, viendront bientôt se souder les routes départementales, sur lesquelles le grand réseau vicinal se greffera à son tour.

Les routes départementales ne parcouraient d'abord en 1840, que 580 kilomètres, pour atteindre successivement et au nombre de vingt-neuf, 830 kilomètres.

Mais nous devons faire observer que cette augmentation de 250 kilomètres ne provient pas en entier de percées nouvelles, car dans le remaniement du groupe des voies de communication du département de Maine-et-Loire, les voies stratégiques ont été reversées partie dans les routes nationales, et partie dans les routes départementales.

Les chemins de grande communication, qui comptaient autrefois 765 kilomètres, sont aujourd'hui au nombre de 48 avec un développement de 996 kilomètres et augmentés, par conséquent, de 231 kilomètres.

Aux trois groupes précédents il faut ajouter 168 chemins d'intérêt commun, terminés actuellement sur un parcours de 2,037 kilomètres, et qui, quand ils seront complètement achevés, comprendront 2,202 kilomètres, et 3,352 kilomètres de chemins vicinaux ordinaires, sur lesquels 2,722 kilomètres sont aujourd'hui à l'état de parfaite viabilité.

Le département de Maine-et-Loire, aura donc à sa disposition, et dans un délai rapproché, 7,942 kilomètres de voies de terre.

En jetant les yeux sur la carte routière du département de Maine-et-Loire, et en la comparant avec celles des autres départe-ments, on verra facilement qu'un bien petit nombre de départements sont aussi bien partagés sous le rapport des voies de communication.

Mais il ne faut pas oublier que c'est grâce à la construction quasi instantanée des voies stratégiques, édifiées en vue d'a-néantir un vieux levain de rébellion qui subsistait encore dans la partie vendéenne du département de Maine-et-Loire, qu'une révolution économique et sociale importante a commencé dans les coutumes agricoles et les mœurs des fermiers de l'Anjou.

Avec les secours des voies stratégiques, les agriculteurs de l'ancien pays des Mau-ges ont pu gagner les marchés avoisinants et vendre leurs blés, que trop souvent ils avaient vu pourrir dans leurs greniers faute de pouvoir, en l'absence de tout che-min praticable, les livrer au meunier. Si les routes stratégiques ont été le point de

départ de la rénovation agricole, la construction de nouvelles routes nationales, et
notamment celles d'Angers aux Sables-
d'Olonne et de Saumur au même point
extrême, ont fait des marchés de Saumur,
Doué-la-Fontaine, Vihiers, Chemillé, Cholet, des centres d'approvisionnements con-
sidérables. En effet, c'est par centaines de
mille qu'il faut compter les bœufs qui,
annuellement, sont amenés sur les marchés angevins et particulièrement sur ceux
de Chemillé et de Cholet, où les acheteurs
de la Normandie, de la Belgique, de la
Hollande et parfois de l'Angleterre viennent
se concurrencer.

Le méteil et le seigle, qui faisaient le
fond des emblavures de l'Anjou, ont fait
place au froment, alors que, grâce à la facilité des moyens de communication, la
chaux a pu devenir abordable pour les co-
lons agricoles des arrondissements de Cholet et de Segré. Les grands champs de ge-
nêts et d'ajoncs qui servaient d'abri aux
soldats vendéens ont disparu sous le soc de
la charrue et, à leur place, les choux de
Poitou sont venus régner en maîtres et
donner un précieux et substantiel aliment
aux animaux de travail et de rente.

D'importants marchés du blé ont eté créés à Angers et plus spécialement à Saumur où, au siècle dernier, pas une fourniture de froment n'était amenée sur son marché de la Bilange, aujourd'hui si fréquenté, à cause des gros droits de minage qu'y prélevait l'abbesse de Fontevrault.

Nous avons dit précédemment comment l'aménagement des voies de communication, à travers l'arrondissement de Segré avait mis à même cette partie du territoire angevin, de bénéficier des rapports qui lui étaient ouverts, d'un côté avec la rive gauche de la Loire sur laquelle se trouvaient les fours à chaux de Montjean et de Chalonnes, et, d'un autre côté, avec la Normandie. Mais cet arrondissement privilégié a encore eu à son actif le bienfait de l'introduction de la race pure de Durham qui, dès 1842, a commencé d'infuser son sang généreux avec celui de la race locale. De cette union est sortie une sous-race spéciale, aujourd'hui parfaitement définie, précieuse au premier chef, à cause de sa précocité à faire de la viande et par conséquent très recherchée par la boucherie. Cette sous-race a singulièrement contribué au progrès agricole de cette contrée, elle a donné au propriétaire du fond, une notable augmentation de revenu et apporté l'aisance et l'épargne au foyer du métayer.

V.

L'ouverture de la ligne du chemin de fer de Paris à Nantes, en 1849, par Orléans, Tours et Angers; puis successivement les chemins du Mans à Angers; d'Angers à Laval par Segré; d'Angers à Poitiers par Montreuil-Bellay, et d'Angers à Niort par la Possonnière et Cholet qui sillonnent le département de Maine-et-Loire sur un parcours de 666 kilomètres et mettent Angers en communication directe et rapide avec Paris, Bordeaux, le Havre, Nantes, etc., devaient en s'amorçant avec les grandes voies de communication du département, achever de faire ce que les voies de terre proprement dites avaient si bien commencé. C'est ainsi que de nouveaux débouchés ont été créés aux produits succulents des vergers de l'Anjou : les fraises, les cerises, les poires et les pommes à couteau, les choux-fleurs et les artichauts sont devenus l'objet d'un mouvement d'exportation considérable, non seulement avec Paris, mais encore avec l'Angleterre et la Russie.

Les vins de l'Anjou qui, avant les chemins de fer, se consommaient en grande partie sur place, ont pris de la faveur, et Saumur qui livre au commerce pour 20 millions de blé, exporte annuellement pour 12 millions de vins en cercle, sans compter dans ce chiffre sa fabrication des vins mousseux, qui atteint près de 6 millions de francs.

En résumé, grâce à l'aménagement du réseau général des voies de communication du département de Maine-et-Loire, qui a créé des débouchés de toute nature aux produits du sol; grâce encore à la facilité qu'ont eu les fermiers de s'approvisionner de chaux pour la confection des amendements, et à l'infusion du sang de la race Shorthorn avec celui de la race locale, l'ancien régime cultural a pu être modifié, la ration fourragère augmentée, un plus grand nombre de bêtes de rente a pris place à l'étable. Nous pouvons donc con-

clure, d'après ce que nous venons de dire,
et avec les renseignements qui nous sont
fournis par les différentes enquêtes qui
se sont succédées en France sur la valeur de la propriété non bâtie, que depuis
cinquante ans, l'augmentation du revenu
a été pour :

1° Les terrains de qualité supérieure
    de   40 0/0
2° Terres labourables,   70
3° Prés,   50
4° Vignes,   87
5° Bois,   60
6° Landes,   70

et celle de la valeur vénale du fonds a été
pour :

1° Les terrains de qualité supérieure
    de   31 0/0
2° Terres labourables,   78
3° Prés,   42
4° Vignes,   75
5° Bois,   55
6° Landes,   82

Voilà pour le côté économique.

Au point de vue social, le résultat a été
le même, les mœurs se sont adoucies, la

méfiance native du paysan des Mauges et de la Vendée s'est peu à peu effacée. La facilité des communications a ouvert aux habitants des campagnes des horizons nouveaux, en leur permettant de se rendre plus fréquemment à la ville. Ils ont eu à souffrir de leur ignorance et ont voulu mettre à même leurs enfants d'apprendre à lire, à compter, afin de pouvoir régler leurs affaires sans le concours d'un étranger. C'est pour toutes ces raisons que le paysan angevin, qui avait une répugnance invétérée pour la lecture, a poussé ses enfants vers les écoles primaires qui, dès 1834, se sont ouvertes en Maine-et-Loire, sous la protection de la loi Guizot, promulguée le 28 juin 1833. Aussi, dans l'espace de près de cinquante ans, 1833 à 1880, les écoles qui n'étaient au nombre que de 255, dans un département qui, comme le Maine-et-Loire, compte 384 communes, atteignent présentement le chiffre de 864, soit en plus 509 établissements d'enseignement. En 1880, le nombre des enfants garçons et filles qui fréquentent les écoles primaires s'élève à 58,718, alors qu'en 1833, il n'était que de 16,900, soit par conséquent une augmentation de

41,818 enfants fréquentant les écoles. Enfin, au moment de l'application de la loi Guizot, en Maine-et-Loire, 141 communes n'avaient aucun établissement d'enseignement, et 313 communes manquaient d'écoles de filles. Aujourd'hui, sur ces 313 communes, il n'y en a plus que 52 qui en soient dépourvues, et il faut espérer que cette lacune sera promptement comblée.

A côté des écoles primaires, les salles d'asiles sont venues, elles aussi, préparer les enfants, dès leurs premières années, à bénéficier plus facilement de l'enseignement scolaire. Elles sont au nombre de 116 et reçoivent près de 12,000 élèves. Il y a cinquante ans, *trois* salles d'asiles, seulement, étaient ouvertes dans le département de Maine-et-Loire et n'étaient fréquentées que par 400 enfants.

Angers, 1er février 1884.

Angers, imp. Lachèse et Dolbeau, Chaussée Saint-Pierre, 4.